길은 멀어도

강임구 제3시조집

오늘의문학사

일러두기

본문에 사용한 '>'표시는 연과 연 사이의 '빈 줄'을 나타냅니다.

길은 멀어도

| **序詩** |

동행

가다가 돌아보니 왔던 길 흔적 없고
지난 일 생각하니 어젯밤 꿈이었다
동녘산 불어온 바람 내 발자취 보았나.

꽃가마 타고 와서 함께한 인생길에
뱃머리 거친 파도 순풍에 잠이 들면
서로가 못다 한 정성 잡은 손이 따숩다.

손잡고 걸어온 길 그림자 드리워도
석양의 붉은 열정 바랜 정 되살리면
오선지 음표를 따라 신바람이 절로 난다.

얼마를 더 가야 쉬어갈 곳 있을까
철없는 세월 따라 쉼 없이 달려온 길
서녘산 걸린 구름아 남은 길이 얼마냐.

| 목차 |

序詩 • 05

1부 봄

봄 1 • 12
봄 2 • 13
봄 3 • 14
시스템 종료 • 15
단식 • 16
황사 • 17
한 끼 • 18
오리 • 19
냉이 • 20
물오름 • 21
미세먼지 1 • 22
미세먼지 2 • 23
목련 1 • 24
목련 2 • 25
이팝나무 • 26
서대전 공원 왕버들 • 27
개미의 삶 • 28
활주로 • 29
제승당을 거닐며 • 30

해운대 21 • 32

2부 여름

바랭이 • 34
해운대 엘레지 • 35
수문 열다 • 36
세차 • 37
장미 1 • 38
진도 아리랑 • 39
빗방울 • 40
모기 1 • 41
모기 2 • 42
간월암 • 43
매미의 합창 • 44
장미 2 • 45
부소담악(芙沼潭岳) • 46
백합 1 • 47
백합 2 • 48
백합 3 • 49
턱걸이 • 50
수박 • 51
난(蘭) • 52
민들레 • 53

3부 가을

메아리 • 56
가랑잎 • 57
예당호 출렁다리 • 58
가을 들녘 • 59
낮달 • 60
공원 비둘기 1 • 61
공원 비둘기 2 • 62
공원 비둘기 3 • 63
공원 비둘기 4 • 64
명절 1 • 65
명절 2 • 66
벤치 • 67
강 • 68
구름길 • 69
낙엽 • 70
원당리 계곡 • 71
버섯 • 72
코스모스 • 73
추석 보름달 • 74
가을 구름 • 75

4부 겨울

겨울 산 • 78
겨울 낙엽 • 79
전철역 • 80
새날 • 81
코로나19 바이러스 1 • 82
코로나19 바이러스 2 • 83
동태 • 84
벽 • 85
석양 1 • 86
석양 2 • 87
세모 • 88
세밑 • 89
세한도 앞에서 • 90
동지 • 91
새해 아침 • 92
섣달그믐 • 93
겨울을 보내며 • 94
참새들의 자랑 • 95
길 • 96
김삿갓 • 97

5부 계절 끝자락

지하철 • 100
A4 용지와의 만남 • 101
비행 1 • 102
비행 2 • 103
비행 3 • 104
야간비행 • 105
엘리베이터 • 106
컴퓨터 • 107
전철 풍경 • 108
카톡 • 109
어머님 영전에 • 110
걸음마 • 111
안경 • 112
반려견 • 113
명리(命理) • 114
왜가리 • 115
이쑤시개 • 116
모루 • 117
자굴산 • 118
하루 • 120
선거유세 • 121
개미친구 • 122

| 작가의 말 | 시조에 대한 단상 • 123

1부

봄

봄 1

겨우내 잠을 자던
잔가지 물오르면

고요를 밀어내고
햇살 피운 미루나무

봄바람
이는 길목에
초록 꿈이 서린다.

봄 2

바람이 구름 데리고
물결 위에 떠가면

물비늘 이랑마다
일어서는 추억들

냇물이
흘러서 가듯
다시 못 올 그 시절.

봄 3

할머니 손길 같은
봄 햇살 찾은 길가

민들레 두 손 모아
받쳐 든 환한 얼굴

봄날에
전하는 미소
느껴보는 그 온정.

시스템 종료

화려한 무대는
일순간 암흑천지

수군거림 멀어지고
다시 오는 고요함

두 눈은
살아 있지만
볼 수 없는 꽃잎들. - 131228

단식

한 달을 굶고 나서
창밖을 바라보니

푸른 들 여린 새싹
산채들 지천이다

참기름
한 숟갈 부어
향기 함께 먹고파.

황사

지평선 끝을 잡고
몰려오는 아우성

해님도 눈을 감고
침묵 속에 떠있다

발걸음
갈 곳을 몰라
서성이는 나날들.

한 끼

눈물의 생명 전대
꿰어 찬 허리에서

열 일이 줄을 서도
숟갈 하나 꺼내놓고

제 때에 모셔야만 하는 하늘같은 신이다

내일 끼니 알 수 없고
어제 밥은 제삿밥

훌륭한 한 끼 식사
욕심을 내려놓고

양만큼 채울 줄 알면 신선 같은 삶이다. - 210716

오리

자맥질 십여 초에
하루해 뉘엿뉘엿

물이랑 귀띔으로
긴 호흡 들이쉬고

햇빛이
얇아진 언덕
젖은 옷을 말린다. - 150222

냉이

한겨울 웅크린 힘
덮은 이불 밀어내고

봄 편지 우표 달고
밭둑길 달려오면

겨우내
떨어진 입맛
한 입 가득 넘친다. - 150328

물오름

봄처녀 기다리나
눈을 뜬 나뭇가지

숨 쉬는 가슴마다
넘치는 초록향기

물줄기
세찬 오름을
타고 넘는 여린 싹. - 150405

미세먼지 1

눈앞에 널려있는 볼 수 없는 알갱이
하늘 땅 구분 없이 제집처럼 들락대도
아는 이 반기지 않아 정처 없이 떠돈다

불청객 너울 쓰고 차도에 숨어오면
살자고 나선 길에 소리 없는 아우성
봄 손님 오는 길목에 삼한사온 서럽다

마흔 배 확대해도 굵기는 머리카락
작다고 천대받아 원한이 쌓였는가
떼 지어 몰려다니며 훼방하는 암살자

해님은 무서워서 자리를 피하시고
바람도 숨죽이고 산골에 숨어들면
세상은 짙은 몸살로 숨소리가 거칠다. - 190113

미세먼지 2

흙으로 태어나서
구름으로 사는 낙

머물 곳 어디인지
가는 길 알 수 없어

인생길
험하다 해도
못갈 곳이 없는 삶. - 190114

목련 1

가지 끝 눈보라에
벼린 날이 얼마인가

멍이 든 야린 가슴
간밤의 임 소식에

며칠을
망설임 끝에
풀어헤친 옷고름. - 190330

목련 2

세상이 춥다 해도
때맞춰 내민 얼굴

모두가 뒤따라서
웃음꽃 달고 오면

봄내음
하얗게 달고
마실 길을 나선다. - 200328

이팝나무

하이얀 쌀알들이
고봉으로 솟아나면

튀밥처럼 피어나던
어머니 함박웃음

지금은
어디 계실까
봄날 같은 어머니. - 200422

서대전 공원 왕버들

한자리 터를 잡고 일백 년 묵언수행
피고 지는 구름 따라 번뇌가 사라지면
노거수
텅 빈 가슴에
봄바람이 노닌다

햇살에 물을 들인 연둣빛 봄빛 단장
한 길가 물길 따라 뭇 삶이 찾아오면
치마폭
한끝을 내어
앉을 자리 내민다. - 210422

개미의 삶

토성을 쌓기 위해 길나선 주린 생명
일터에 피어나는 아지랑이 밭을 지나
삶이란
가야만 하는
눈물 어린 방랑자

수시로 오고가는 낯익은 얼굴마다
웃음 띤 가면 뒤에 숨겨진 한숨 소리
밤마다
휘어진 허리
꺾어질까 두렵다. - 200617

활주로

아리랑이 손짓하는 맨살의 시멘트 바닥
시꺼먼 자국마다 녹아내린 애간장
구름에
달이 스치듯
바람 밟고 달린 길

보라매 힘찬 비행 텃새들 따라 날면
철새들 제철 만나 환희로 재잘대고
폭음을
한 아름 안고
날아오른 활주로.

제승당*을 거닐며

판옥선 묶은 홋줄 단숨에 풀어내고
사령기 높이 들고 갑판에 올라서면
민초의 그늘진 삶이 칼날 위에 서있다

해안에 밀려오는 만백성 핏빛 함성
바위에 부딪쳐서 절규는 멍이 들고
원한은 파고가 되어 뱃머리에 넘실댄다

수루를 둘러앉은 섬들의 외마디에
거북선 철침 창칼 꼿꼿이 날을 세워
한마음 해무를 걷고 수평선을 훑는다

북소리 구령 맞춰 필승의 길을 열고
원수의 길목마다 천둥소리 들려오면
동백꽃 마른 입술이 빠알갛게 물든다

해 지고 닻 내려도 떠오르는 근심 걱정
한산섬 비추는 달 애달아 목이 메고
운주당* 뜰 안의 시름 하얀 밤을 지샌다. - 190526

* 제승당(制勝堂): 이순신 장군이 작전을 구상하던 곳을 1740년 (영조 16) 통제사 조경이 이 옛터에 유허비를 세우고 제승당이라 했다.
* 운주당(運籌堂): 이순신 장군이 작전을 구상하던 곳.

해운대 21

속살에 감춘 사연
끝없이 펼쳐 놓고

직녀의 견우 사랑
파도와 속삭이며

수평선
한끝을 잡고
푸른 바다 꿈꾼다. - 210527

2부

여름

바랭이

한여름 가물어도 발아래 흙이 있어
발끝의 촉감 따라 수맥을 찾아가면
뭇 생명
가는 곳마다
반겨주는 이웃사촌

풀밭의 숨결 따라 키워온 작은 소망
밤낮의 갈림길에 검은 욕심 자라나면
바랭이
줄기를 감고
속삭이는 풀잎 사랑. - 200803

해운대 엘레지

갈매기 날갯짓에
속삭임 들려오면

하늘가 흑백사진
물결에 춤을 춘다

똑딱선
뱃길을 따라
찾아오는 얼굴들. - 190708

수문 열다

자유를 찾아 나선
탈옥수 쏟아진다

욕심을 씻어내고
알몸으로 태어나서

무지개
쪽배를 타고
흔들리는 시간여행. - 200729

세차

뒷발길 걸레질에
욕심을 씻어내고

때 씻긴 알몸에서
생기가 솟아나면

세상의
환한 불빛에
넘쳐나는 기쁨들. - 190319

장미 1

태양의 불씨 하나 마지막 타고 있다

세상의 죄를 태워
익혀낸 붉은 미소

유혹에
어쩔 수 없이
눈을 감은 철부지. - 220622

진도 아리랑

동백꽃 붉은 꽃잎 석양에 짙어지면
울돌목 영혼들의 닻 올린 울음소리
아리랑
사랑 노래에
원한마저 잊는다.

골짜기 넘친 물이 마을을 감고 돌아
섬사람 가슴마다 웃음꽃 피어나면
들꽃이
가락을 타고
들려주는 아리랑

숨 쉬는 곳곳마다 질긴 삶 감춰두고
옥토의 이랑 갈아 희망의 싹 틔우며
서러움
가슴에 묻고
불러보는 아리랑. - 190414

빗방울

땅으로 내리꽂는 맨주먹 홀로서기
떠나는 가슴앓이 먹구름 가득해도
인생길
돌아갈 수 없어
앞만 보고 달린다

세상에 숨어있는 희망의 자리 찾아
천둥번개 앞세우고 발걸음 재촉해도
땀방울
눈물에 섞이어
앞가슴을 적신다

발걸음 높이 들고 절벽을 돌고 돌면
꿈에 본 고향 하늘 소 깊이 잠겨 있고
구름은
눈물을 걷고
내 가슴에 안긴다. - 190720

모기 1

웅덩이 소금쟁이
물위를 걸어가듯

보란 듯 이곳저곳
어둠을 헤쳐 가며

일숫돈
받아간 자리
빨간 도장 찍었다. - 190908

모기 2

비장의 송곳 창날
단 한 번 출격으로

목표물 찾아내어
사이렌 공습경보

급강하
수직 폭격에
초가 마을 불바다. - 190908

간월암

천수만 솟대 위에 낮달을 불러 놓고
갈매기 울음 따라 바닷길 걸어가면
길목의 발자국 소리 대웅전에 닿는다

난간에 걸어 놓은 민초의 소원 한 점
해풍을 잠재우고 촛불로 녹여 내면
부처는 실눈을 뜨고 화엄경을 살핀다

갯벌에 시나브로 노을빛 젖어들어
이승의 인연 찾아 염궁문* 뒤에 두면
깨달음 속세에 묻혀 어둠 속에 잠긴다. - 200212

* 염궁문(念弓門): 간월암의 일주문 懸額, "생각의 화살"이란 일념으로 정진하면 화살이 바위를 뚫는다는 뜻.

매미의 합창

쉼터의 우는 매미
여름 한철 합창단

청중들 모여앉아
화음에 귀 기울이면

잎사귀
찾아온 바람에
흥이 나서 춤춘다. - 130719

장미 2

신록의 언저리에
토해낸 붉은 절규

원망도 기다림도
한 모금 향기 되어

오가는
길손 가슴에
정감으로 스민다. - 200526

부소담악 芙沼潭岳*

대청호 맑은 물에 낯을 씻은 고리산
부소무니 골목길 지친 삶 쓰다듬고
산바람
병풍을 둘러
고된 숨을 달랜다.

추색의 산골에서 갈바람 불어오면
청용의 길을 터준 강물의 숨결 따라
나그네
추소팔경의
바람길을 걷는다. - 210824

* 부소담악: 충북 옥천군 군북면 추소리 부소무니 마을 앞산(고리산) 바위.

백합 1

세월의 물레에서
자아낸 고운 숨결

누구도 범접 못할
외로움 이겨내면

순결은
꽃대를 올려
천리향이 되었다. - 200621

백합 2

외로움 피어올라
보랏빛 물들었나

달빛 어린 바람 불어
가슴을 스쳐 가면

기다림
뜨락 가득히
짙은 울음 토한다. - 200703

백합 3

올해도 그 자리에
고운 임 오시려나

발자국 소리 죽여
살며시 다가서면

꽃잎은
그리움에 지쳐
옛 생각에 잠겼다. - 210716

턱걸이

쇠봉을 움켜쥐고 턱까지 당겨 봐도
몸집에 달라붙은 날마다 쌓인 욕심
중력을 이기지 못해 지난 세월 탓한다

뜻한 일 이루려는 한 뼘의 작은 소망
안간힘 다해 봐도 낯빛은 흐려지고
땅 위의 안식을 위해 머물 곳을 찾는다

아집을 내려놓은 비움의 베풂 뒤에
생기가 피어올라 전신을 감고 돌면
세상사 무거움 털고 새 희망을 내건다. - 200827

수박

태양을 사모하여
터 잡은 밭고랑에

고난을 함께 견딘
풀벌레 노래 소리

한 계절
지나고 보니
풋사랑이 익었다. - 210724

난蘭

초록색 너울 쓰고
살포시 내민 얼굴

창가의 아침 햇살
뜨거운 입맞춤에

홍조 띤
수줍은 미소
내 안에 가득하다. - 210814

민들레

몰라요 나는 몰라요
바람 부는지 세월 가는지

때가 되어 피어올라
그저 환하게 웃을 뿐

내 마음
곱게 피워서
구름 따라 두둥실. - 210918

길은 멀어도
강임구 제3시조집

3부
가을

메아리

산산(山山) 골
산골마다
단풍 물결 일렁이면

처음 본 황홀경에
엄마 손을 놓쳤구나

애절한
상수리의 외침
능선 따라 물결친다. - 131109

가랑잎

새 세상 꿈을 좇아 냇물에 몸을 띄워
정든 임 눈물 자국 못 본 척 흘러가도
잔정을
삭이지 못해
붉어지는 눈시울

정들자 이별하는 인생길 끝이 없어
강어귀 드나드는 만남의 물결 보며
바람[所望]은
어깨를 넘어
앞서가며 오란다. - 180222

예당호 출렁다리

온 생이 걸려있는 목줄을 잡고 가면
춤추는 바람 따라 발길은 갈지(之)자
인생은
흔들리며 가는
어름사니* 외줄 타기

지친 삶 내려놓고 함께 탄 출렁다리
벼랑 끝 낯선 얼굴 내민 손 잡고 보면
가슴에
웃음꽃 안고
구름 동산 가잰다

신발끈 고쳐 매고 왔던 길 돌아보면
달려온 지난 세월 황혼빛 물이 들고
석양은
저 홀로 가며
쉬어가라 부른다. - 190615

* 어름사니: 남사당패에서 줄을 타는 줄꾼.

가을 들녘

햇살의 축복 아래
여무는 일 년 손끝

사랑을 곱게 키워
익혀낸 알곡 보며

들국화
맑은 웃음을
가슴 가득 안는다. - 191003

낮달

하늘가 기러기 떼
줄지어 날아가면

임 모습 보고 싶어
해쓱한 하얀 얼굴

한낮에
사위어 가는
수심에 찬 노처녀. - 191211

공원 비둘기 1

아빠가 다가가면
못 본 척 구구구

내가 가면 반갑다고
우르르 몰려와요

과자는
많지 않은데
미안해서 어쩐다. - 200613

공원 비둘기 2

한나절 쪼아 먹어도
배고픈 공원 비둘기

내 과자 내놓으라고 맨발로 달려온다

밥보다
과자가 좋은
너희들은 내 친구

한 모금 이슬 쪼고
엄마 한 번 바라보고

내 모습 바라보고
고개 한 번 끄떡이고

빈손에
가진 것 없어
돌아서는 새침이. - 210612

공원 비둘기 3

서로가 사이좋게
목 인사 끄덕이고

엄마의 신호 따라
모두가 날아올라

바람이
잠든 풀밭에
햇살 타고 앉는다. - 210613

공원 비둘기 4

배고픈 인생길을
맨발로 가는 청춘

무지개 스카프에
빨간 양말 멋을 내고

사랑이
홰치는 소리
팡파르를 울린다. - 200627

명절 1

추석날 차례상에 얼굴 보인 바나나
'조상님 죄송해요' 사과가 금값이라
음덕에
촛불을 밝혀
향내 가득 채운다. - 200930

명절 2

어디쯤 오는가
기다리는 아버지

세월 흘러
제수 챙기며
손녀를 기다린다

삶이란
기다림 속에
한 잔 술을 빚는 것. - 200129

벤치

서녘의 황혼 따라
어둠이 살아나면

갈 길 바쁜 사람 보며
풀이 죽은 간이 의자

달빛이
오는 길목에
고요함을 놓고 간다.

강

구름에 가린 세상 높게만 보이는가
한없이 낮은 마음 손길로 쓰담으면
머문 곳
넘치는 인정
초록빛깔 무성하다

가다가 쉬어가도 전진은 나의 운명
살피고 돌아가는 미학의 인고 끝에
성자는
수평선 보며
푸른 세상 꿈꾼다. - 210717

구름길

흰 구름 따라가면
앞서 있는 고향길

쫓아오는 먹구름아
귀향길 어디인가

나 홀로
산 위에 서서
가는 길을 묻는다. - 210731

낙엽

거리에 나앉은 자유 아프가니스탄인처럼

한때는 햇살 좋아 푸르름을 뽐내었다

입추에
갈 곳을 몰라
낮달이 된 방랑자. - 210817

원당리 계곡

한여름 계곡물이
게으른 구름 따라

춤추고 노래하며
세월을 잊은 길에

나그네
얇은 옷깃이
갈빛으로 물든다. - 210821

버섯

평생을 꿈꾸어도
쉽지 않은 초원의 집

늦장마 쫓아내고
간밤에 집을 지어

사창(紗窓)가
햇빛을 모아
눅은 마음 말린다. - 210903

코스모스

찬바람 오기 전에
들녘의 작물 들여

첫날밤 기다리며
수놓은 이부자리

빈손의
허새비 신사
기다리는 달빛 순정. - 210920

추석 보름달

호박전 냄새 맡고
보름달 찾아오면

어머님 함께 오나
창가에 다가선다

그리움
가슴에 젖어
아려오는 명치끝. - 210921

가을 구름

세월이 바람 삭혀
청천에 띄운 쪽배

청춘의 돛을 올려
입추를 건너가면

홍안은
석양에 젖어
단풍으로 물든다. - 210923

길은 멀어도

강임구 제3 시조집

4부
겨울

겨울 산

강물에 잠겨있는
겨울 산 성긴 외벌

석양빛 모두 모아
물 위를 감싸주며

물새들
발걸음 쫓아
짧은 해를 보낸다. - 190124

겨울 낙엽

핏기 없는 맨얼굴
묏등에 기대 누워

지난날 생각하니
추억은 하얀 눈밭

한겨울
이불이 되어
오는 봄을 꿈꾼다. - 150111

전철역

한 다발 맑은 웃음
틈새마다
내려놓고

이어진 마디 따라
떠나보낸 사연들

발자국
남겨진 빈터
메아리만 서성인다. - 131206

새날

맑은 물에 손을 씻고
불을 밝힌 성탄절

거울 속에 사라진
얼굴의 묵은 때

해님도
처음 보는 듯
환한 웃음 짓는다.

코로나19 바이러스 1

어디쯤 오시는지
임 소식 감감하고

모두가 입을 닫은
세상은 소문 천지

오늘도
핸드폰 열고
임의 안부 묻는다. - 200514

코로나19 바이러스 2

이웃집 재채기에 세상은 좌불안석
다독인 마음마저 두 눈에 눈물 맺혀
서로가
목 놓아 울며
불러보는 그 옛날

마스크 얼굴마다 웃음기 사라지고
서로가 내민 주먹 정감을 알 수 없어
백지에
고백한 온기
함께 가는 인정이다. - 201015

동태

흰 파도 따라와서
한 줄에 누운 청춘

성에 낀 유리 침실
코 꿴 눈물 얼어있다

창문이
언제쯤 열려
얼은 몸이 녹을까. - 141117

벽

서로들 마주보며
가부좌로 정좌하여

넘나드는 실바람에
세상사 전해 듣고

시름에
잠 못 이루어
눈을 뜬 채 생각한다. - 131127

석양 1

산마루 넘어가며
홍조 띤 빨간 얼굴

이별의 아쉬움에
바람도 숨죽인다

가던 길
멈추어 서서
돌아보는 그림자. - 150214

석양 2

하루가 힘들수록
그림자 짙어지고

후회가 앞 다투어
미련을 불러오면

태양은
망상을 태워
서녘 산에 묻는다. - 210806

세모

새해 아침 그려놓은
큰 꿈은 어디 갔나

저무는 골목길에
산그늘 드리우면

올해도
부도난 희망
헤아리는 시린 손. - 181213

세밑

철 지난 하늘가에
그믐달 세워놓고

못 버려 잊지 못한
세월이 안타까워

그믐날
새벽잠 깨어
세어보는 나잇살. - 190214

세한도 앞에서

외딴집 문풍지에 찬바람 들락이고
청솔의 매운 연기 뒤껼을 싸고돌면
목메어 흐르는 눈물 고향 하늘 어딘가

세상을 덮을 듯한 폭설은 끝이 없고
쌓인 눈 이고 있는 솔가지 눈물 보며
한세상 가슴에 남은 아린 짐을 부린다

욕심의 눈송이가 어깨에 내려앉아
세밑의 한기 되어 뼛속에 스며들면
후회는 옷고름 여며 봄바람을 기다린다

별들의 소곤거림 귓가에 들려오면
눈밭의 고요함을 선지에 옮겨놓고
붓 끝에 그리움 찍어 한 점 획을 긋는다

시린 눈 손을 잡은 잣나무 푸른 기상
절개를 품에 안고 칠흑의 밤을 새면
절망은 희망이 되어 꿈길 찾아 나선다. - 190622

동지

비워야 차는 것이
음양의 이치렷다

새알심 한 알 먹고
한 살을 더 먹어도

욕심을
버릴 줄 몰라
상머리에 앉아있다. - 191222

새해 아침

가는 년 소리 없이
꿈속에 사라지면

동녘에 솟아 오른
붉은 해 마지못해

한 살을
더 먹어주고
달래보는 이 허무. - 200101

섣달그믐

비바람 맞아가며 지켜온 어린 맹세
세상사 부대끼어 초심이 흔들려도
발길은 희망을 품고 별을 깨워 걸었다

눈물이 강을 따라 바다로 흘러가면
왔던 길 간데없는 파아란 수평선에
고향집 등잔불 밑의 엄니 얼굴 그린다

들기름 심지 등이 마중길 밝혀주고
어머니 지극정성 소지를 불태우면
그믐의 북두칠성이 사립밖에 서있다. - 200129

겨울을 보내며

세한의 침묵으로 건너온 겨우살이
찬바람 불러 모아 육신의 때를 씻고
한겨울
마른 입술의
더뎅이를 벗긴다

얼음장 비껴가는 계곡물 따라가면
물에 뜬 구름 조각 훈풍을 불러오고
미물은
가슴 설레며
봄소식을 듣는다. - 200129

참새들의 자랑

백 마디 말보다도
짹짹짹 한마디면

가족들 식사하고 다 함께 솟아올라

하늘은
우리 운동장
바람 타고 놀아요. - 200616

길

안개 속 비탈길의 그 끝을 알 수 없어
길 앞에 길이 있어 앞만 보고 걷는 길
길섶의
풀꽃 웃음에
발걸음을 멈춘다

덤불이 가로놓인 초행길 들어서면
인생길 어디인지 지름길 알 수 없어
길 끝에
길을 만들어
삶의 길을 잇는다. - 210804

김삿갓

서산의 노을 따라
세월은 가도 그만

달뜨면 등에 지고
시나브로 가는 삶

죽장에
날리는 도포
바람길을 보챈다. - 211114

길은 멀어도

강임구 제3시조집

5부
계절 끝자락

지하철

머나 먼
별에서
어둠을 밀치고

버선 발
마다않고
불빛 따라 달려온 너

얼떨결
마주한 얼굴
네 품안에 안긴다. - 131008

A4 용지와의 만남

옥토 밭 모서리에
푯말을 세워놓고

생각의 낱말들을
이랑에 묻어두면

시어는
껍질을 깨고
꽃송이를 피운다.

비행 1

태양을
건져 올려

햇무리
여는 아침

망루에
솟아올라

둥근 해
품에 안고

안개 낀
산 계곡 넘어
고향 마을 찾는다. - 140809

비행 2

발아래 수평선의
부모형제 부름 모아

창공에 부려놓은
땀 묻은 젊은 혈기

조국의
구름을 밟고
통일 염원 내딛는다

서녘에 해 기울어
등불을 걸어두면

고향집 처마 찾아
철새들 날아들고

폭음이
내리는 활주로
석양빛에 물든다. - 140822

비행 3

하늘을
헤엄치는
고독한 백상아리

등 삐콘*
불빛 아래
숨 쉬는 태극 문양

대한의
심장 박동이
창공에서 숨 쉰다. - 140810

* 삐콘: 항공기의 경광등.

야간비행

북극성 별을 보며
찾아가는 보금자리

바다에 숨어든 별
고깃배 친구 되고

등대별
길동무 삼아
타고 가는 조각배. - 141123

엘리베이터

가슴팍 열어젖혀
쉼 없이 안아주고

품고서 생각하는
성자의 아량이다

보내고
가슴 닫으면
아려오는 내 마음. - 131015

컴퓨터

세상이 적막하여 자판을 두드린다

마음의 물결 따라
손가락이 건져낸 건

캄캄한
모니터 속의
펄럭이는 깃발들. - 131254

전철 풍경

앞뒤를 쳐다봐도
손가락 톡톡톡톡

한참을 놀다보니
이웃은 간데없다

내릴 역
놓치지 않고
찾아가는 발걸음. - 140628

카톡

핸드폰 열어보니
모셔온 주님 말씀

복 받는 은총이라
일단은 받아놓고

날마다
행복을 찾아
다른 길에 서있다. - 200109

어머님 영전에

국화꽃 송이송이 하이얀 구름밭에
생전의 그 모습이 미소로 피어난다
꿈에나
뵐 수 있을까
가슴 저린 이 적막

슬픔에 젖어들어 어리는 눈물 보며
끝없는 자식 사랑 걸음을 멈춰 서서
가던 길
다시 돌아와
잡아보는 시린 손

영혼이 연기되어 하늘로 오르시고
육신은 재가 되어 땅속에 스며들면
인연의
질긴 끈 놓고
평안하게 잠드소서. - 200405

걸음마

먼 여정 출발점에서
안간힘 써보았지

몇 날을 기어보고
수 천 번 넘어지고

걸음마
떼어본 길에
아롱지는 희로애락. - 200528

안경

색안경 뒤에 숨어
두 눈을 부릅뜨고

눈앞만 바라보며
달려온 지난 세월

허물을
뒤에 감추고
안경알만 닦고 있다. - 200723

반려견

공원에 마실가서 서로의 안부 묻고
해지면 끼니 찾아 서두른 귀갓길에
초승달
저도 외로워
따라오는 길동무

목줄에 매이어도 한세상 매한가지
인생길 동반자로 자가용 함께 타고
주인집
소파에 앉아
즐겨보는 흑백TV. - 210316

명리命理

하늘빛 내린 곳에
바람기 스쳐 가고

새싹이 꿈을 틔워
천명을 마주하면

풀잎은
생각을 엮어
만다라꽃 피운다.

왜가리

흰 구름 친구 찾아
들녘을 지나가고

냇물은 구름 따라
고향집 찾아가면

왜가리
한쪽 발 들고
따라갈까 생각 중. - 200506

이쑤시개

전봇대 닮은 몸매
발 뻗고 잠자는데

부름을 받고 간 곳
후미진 뒷골목길

쓰레기
치우고 나서
부러지는 내 허리. - 140626

모루

낮에는 등짝에 튀는
불꽃들 비명소리

밤이면 어깨에
쏟아지는 별들 위로

침묵은
쇳덩이처럼
무겁고 찬 내 운명. - 210716

자굴산*

산속에 산이 있어 산사람 곧은 심성
밤이슬 내려 받아 금지샘* 정기 되어
별똥별 떨어진 곳 찾아 세상길에 나선다

산줄기 닿는 발끝 멀고도 푸르른데
희망의 끈을 잡고 구름을 따라가면
발걸음 무딘 곳에서 아려오는 고향 생각

혼돈의 세상에서 길 잃고 헤매어도
꿈속에 솟은 상봉 북극성 별이 되어
추억이 잠들은 고향 초가 위에 떠있다

가쁜 숨 토해내며 달려온 산자락에
외지인 발길질에 상처 난 하얀 속살
한평생 모정의 세월 눈물마저 마른다

오솔길 길섶에 선 이정표 낯이 설고
소떼들 울음소리 골마다 들리는데
산상골* 비륵* 앞에서 불러보는 산사람. - 200602

* 자굴산: 경남 의령군 칠곡면 내조리 동네 뒷산, 해발 897m.
* 금지샘: 자굴산 중턱에 있는 옹달샘.
* 산상골: 자굴산 주능선의 골.
* 비륵: 다리미 밑바닥 같이 깎아지른 바위 절벽. (경남 방언)

하루

여명의 동녘 하늘
창호를 열고 오면

땀방울 배인 옷을
석양에 걸 때까지

육신은
열기를 참고
햇살 밭을 일군다. - 210727

선거 유세

현수막 펄럭펄럭
언니들 쫄랑쫄랑

여기도 웅성웅성,
저기도 소곤소곤

확성기
외치는 소리
나만 졸졸 따라온다. - 220610

개미 친구

엄마 찾아가는 길에 들러본 우리 집 앞
우리 엄마 올 때까지 나랑 같이 놀다 가렴
해 지고
어둠 내려도
돌아갈 줄 모른다

길 잃고 헤매어도 전할 수 없는 내 마음
오늘 배운 글씨 하나 크게 써 읽어준다
'엄마가 기다리신다.'
큰소리로 읽는 나.

| 작가의 말 |

시조에 대한 단상

 군(軍)에서 영공방위 소임을 다하고 이십대 이전의 자유로운 신분으로 돌아와서 뒤돌아보니 글로써 지나온 삶의 궤적을 남겨야겠다는 욕심이 불현듯 스쳤다. 자서전이라도 좋고 수필집이라도 괜찮을 것 같았다. 그러나 내 삶의 역사를 쓰겠다고 생각하니 솔직히 기록으로 남길 가치가 있는가 하는 의문과 진솔하게 쓸 수 있을까 하는 의구심이 생겼다.
 고민 끝에 찾아낸 것이 시조이다. 시조의 특성상 비유와 상징은 글을 쓰기 위한 도구로 활용되고, 누구도 비난하지 않으면서 삶의 모습을 빗대어 표현하는 매우 적절한 글의 형태이기에 나 자신의 감정을 표출할 수 있을 것으로 생각되었다.

 우리 겨레시인 시조의 특성은 절제미, 균형미, 긴장미, 완결미를 추구한다고 볼 수 있다. 복잡다단한 자연과 인간사의 아름다움을 청각적, 시각적, 감각적으로 압축하고 풍류하여 교훈적으로 풀어내는 것이다. 여기에 촌철살인이 있고 삶의 가치가 있으며 서로의 소통이 있는 것이다.
 먼저 절제미는 45자 내외의 글자로 하고 싶은 이야기를 풀어내야 하는 것이다. 잠시 왔다가는 인생이지만 시간은 흘러가고 할 일은 많다. 절기 따라 변하는 자연에 사람들은 먹을 양식을 확보해야 하고 일상의 일을 게을리 할 수 없다. 따라서 통제된 글틀 안에서 주어진 시간만큼만 내 이야기를 하겠다는 의지의 표상으로 단어를 최대로 압축된 형태로 나타낸다.

둘째는 균형미이다. 초장, 중장, 종장으로 구성되는 단시조는 초장에서 삶의 주제를 던지고 중장에서 살아가는 모습을 관찰 후 종장에서 인간과의 조화관계를 표출한다. 따라서 단시조는 전제와 전개와 결과를 연결하는 자연스런 흐름으로 유도한다. 세상에 나 혼자만 잘 났다고 하면 어떻게 될까. 독선이고 아집만 난무한다. 서로가 설득하고 이해하는 가운데 화합이 된다. 초장에서 던져진 화두가 중장에서 서로 살피고 호응을 유도한 다음 종장에서 내가 결론을 내려 본다면 모두가 반대하지는 못할 것이다. 시조가 균형미를 강조하는 것은 나의 삶이 바로 우리들의 삶이 되기 때문이다.

세 번째는 긴장미이다. 세상을 바라보는 시각은 각자 다를 수밖에 없다. 그 다름이 차별이 아닌 차이로 이끌어 가는 묘미이다. 각자의 환경과 위치에서 바라보는 느낌의 정도는 다르다. 차별은 사회를 분열시키고 편 가른다. 적어도 우리 사회는 차이는 있을지언정 차별로 가서는 안 된다는 대 전제를 하고 있다. 긴장미를 조성하는 구체적 언어는 화자의 애국심, 가족관, 자연관, 자유와 평등에 대한 가치관의 표출로 나타난다. 또한 글에서는 주개념과 원개념의 사이를 넘나들면서 긴장을 고조시킬 것이다.

네 번째는 완결미이다. 시조는 세상을 보는 관점이 분명하고 그 작동을 살피고는 화자가 결론을 내려주어야 한다. 완전체를 추구한다. 세상에 주제를 던져 놓고 누구나 관심과 관찰을 하지만 결국은 내가 진단해 내는 것이다. 그렇기 때문에 45자 내외의 글자가 서로 톱니같이 물려서 돌아가는 전체가 되어야 하는 특성을 갖고 있다.

 세상은 우주 만물의 조화로운 질서 속에 존재하고 그 질서는 아름답다. 지구의 공전과 자전에 따라 계절이 바뀌고 아침이 오는 자연의 질서는 아름답다. 아침 해가 뜨면 이슬이 수줍어 숨고, 드리운 안개가 제집을 찾아간다. 인간의 삶도 마찬가지로 우주질서 속에서 아침을 맞이하고 자연을 찾아 먹을거리를 마련하고 집으로 돌아온다.
 인간은 욕심 때문에 우주질서의 아름다움을 보지 못한다. 인간의 탐욕은 생존본능이다. 내 주위의 모든 환경이 나를 위한 것으로 있을 때 그 존재가치를 긍정적으로 인정한다. 그리하여 질서를 왜곡하고 부정하고 탈취하려고 한다. 아침 햇살을 받아 일하고 날이 저물면 휴식을 청하는 것이 자연의 이치에 맞게 사는 것이다. 그러나 좀 더 많은 시간을 확보하기 위해 전등을 켜고 늦게까지 일한다. 자연 속의 꽃을 꺾어서 화병에 꽂고 인위적 감상을 한다. 모두가 인간욕심에 의한 자연의 질서를 거스르는 행위인 것이다. 이러한 자연에 대한 부정행위는 자연의 질서가 만들어 내는 아름다움을 보지 못하게 하는 것이다.

 시조시인은 아름다움을 아름답다고 이야기할 수 있는 자격과 용기를 가진 사람이다. 즐겁고 행복하기 위해서는 불행이 무엇인지를 눈여겨보고 겪어보지 않고는 말할 수 없을 것이다. 마찬가지로 우주의 질서 속의 자연의 아름다움을 이야기할 수 있기 위해서는 혼돈의 세상을 살아가는 사람이 그 혼돈의 세상에서 욕심을 버리고 자연과 함께 숨 쉴 때 자연의 아름다움을 이야기할 수 있는 것이다.

　시조를 쓰는 사람도 욕심이 있는 인간이고 속세를 떠나 살 수 없다. 시조를 쓰는 사람도 해 뜨는 과학적 사실을 알아야 하고 이해하여 실천해야 한다. 자신의 욕심을 실현하기 위해서다. 그러나 대상에 대한 느낌을 정서적으로 표출할 수 있는 인간이 갖는 감정은 해가 뜨는 사실 말고도 대상들이 움직이는 질서의 아름다움에 감탄한다. 시조시인들은 현대를 살면서도 이 아름다움을 놓치고 싶지 않은 것이다. 좀 더 직설적으로 표현하자면 이기적 삶을 살면서도 자연의 순리를 거스르지 않으려는 것이다. 그리하여 자연의 질서에 대한 직관적인 느낌을 저버리고 않고 내 성정을 실어 삶을 반추하면서 시조로 노래하고 싶은 것이다.

　시조시인은 자신의 삶이 한계가 있다는 것을 알고 자연의 아름다움을 찾아내는데 도전한다. 한계는 유한한 생명의 물리적인 한계뿐만 아니라 자연은 극복의 대상이 아니라 자연 속의 한 생명으로 살아야 한다는 것이다. 그리하여 시간적, 공간적으로 정형화하여 절제미, 균형미, 긴장미, 완결미 속에서 자연 질서의 아름다움을 끝없이 추구하는 것이다.

　인간이 자연과 조화로운 삶을 위해서 욕심을 내려놓아야 한다. 욕심에서 벗어나는 도전과 그것으로 인한 대가에 대한 고통은 참고 견뎌야 한다. 욕심이 살아있는 한 인간은 자연과 마찰을 빚을 수밖에 없다. 이를 해결하고 대안을 제시할 수 있으면서 여유를 찾아가는 것이 바로 시조를 창작하는 것이고 시조를 사랑하는 것이다. 시조는 현실과 자연 질서와의 조화로운 이상점을 추구하는 것이기에 오늘을 사는 우리는 시조를 쓰는 일을 게을리 해서는 안 될 것이다.

  시조를 짓는다는 것은 인간이 근원적인 욕구와 충족을 위해 자기 생각을 정리하는 것이다. 오감으로 느끼는 감정을 생각으로 상상하여 표현하고 싶은 욕구는 근원적이다. 춥고 배고픈 현실, 즐겁고 기쁜 환희의 날들, 나를 둘러싸고 있는 만물에 대한 연민 등이 나를 있게 하고 나를 생존하게 하는 원동력이다. 이 동력에 대한 생각을 끊임없이 하고픈 것이 바로 시조 쓰기다. 변화하는 사계절은 무한한 소재를 제공한다. 변화에 나타나는 것들에 대한 생각의 연속이 나의 시조 쓰기이다. 절기에 따른 봄, 여름, 가을, 겨울이라는 계절의 변화, 그리고 계절의 변화에 미처 따라가지 못한 것들에 대한 연민이 나의 시조이고 나의 자연 사랑이다.

  시조를 아끼고 사랑하는 것은 내가 태어난 나라를 사랑하는 것이고, 내 조상이 고난과 역경을 풍류로 풀어낸 얼을 계승해 간다는 자부심을 갖는 것이다. 또한 인간 본연의 욕구를 충족하면서 우주 질서가 빚어낸 아름다움을 추구하는 슬기로운 삶을 살고 있다는 만족감의 표시이다. 내가 시조를 짓는 이유는 연민과 애정으로 자연의 보이는 것과 보이지 않는 질서를 사랑하고 도전의 삶에 대해 자연의 무한한 사랑에 감사를 하고 싶기 때문이다. 시조를 쓸 수 있음에 감사하며 소신 글을 맺는다. - 220329

길은 멀어도
강임구 제3시조집

발 행 일	2022년 8월 10일
지 은 이	강임구
발 행 인	李憲錫
발 행 처	오늘의문학사
출판등록	제55호(1993년 6월 23일)
주 소	대전광역시 동구 대전로 867번길 52(삼성동 한밭오피스텔 401호)
전화번호	(042)624-2980
팩시밀리	(042)628-2983
카 페	http://cafe.daum.net/gljang(문학사랑 글짱들)
	http://cafe.daum.net/art-i-ma(월간 충청예술문화)
전자우편	hs2980@daum.net
계좌번호	농협 405-02-100848(이헌석 오늘의문학사)

공 급 처	한국출판협동조합
주문전화	(02)716-5616
팩시밀리	(02)716-2999

ISBN 979-11-6493-213-9
값 10,000원

ⓒ강임구 2022

* 이 책의 판권은 저작권자와 오늘의문학사에 있습니다.
* 이 책은 ㈜교보문고에서 E-Book(전자책)으로 제작·판매합니다.
* 잘못 만들어진 책은 구입하신 서점에서 교환해 드립니다.

* 이 책은 대전광역시 와 대전문화재단 에서 사업비 일부를 지원받았습니다.